にんにく料理のトリセツ

にんにくバル
ザ・ガーリック 著

幻冬舎コミックス

はじめに

　私と「にんにく」との出会いは、母の台所から——
　幼い頃、母の作る料理に必ずといっていいほど使われていた「にんにく」。その芳ばしい香りと深い味わいは自然と私の身体に刻まれ、学生時代のひとり暮らしでは無意識に「にんにく」を使った自炊生活を送っていました。
　大学を卒業後、私は老舗にんにく料理店「はじめの一っぽ」の一員となり、【福地ホワイト六片】との必然ともいうべき衝撃の出会いをします。
　瞬く間に【福地ホワイト六片】の味わいや、素材を活かした使い方、旨味の引き出し方を知り、その魅力にどんどんと引き込まれていきました。そして、「にんにく」の奥深さを実感する日々が、いつしか自身でもにんにく料理専門店をやるという目標になったのです。
　その後、念願がかない、にんにく同志の妻と一緒に独立。今では東京の〈中野〉と〈渋谷〉の2店舗で、より多くの人に、にんにくの魅力を知って、食べて、元気になってほしいとの一心で料理をする毎日です。
　今回は、ご家庭でも作りやすいように、工程や材料を少しアレンジした《お店の人気メニュー》だけでなく、《SNSで話題の賄いごはん》、《私のひとり晩酌レシピ》なども詰め込みました。にんにく料理がこんなにも多様で奥深いものだと、この一冊を通じて知っていただけたら嬉しいです。

目次

はじめに 3

にんにくを知る
国産にんにくの世界と大蒜の歴史 8

にんにくを作る
青森で〝福地ホワイト六片〟を収穫する 10

にんにくを敬う
合法で飛べます 12

にんにくを食べる

前菜	彩り野菜とにんにくのピクルス	16
	秘伝 自家製バターのガーリックトースト	18
	Garlic ソーセージ	20
スープ	スペイン おふくろの味アホスープ	22
	ガーリックブイヤベース	24
魚料理	旬の鮮魚とにんにくのカルパッチョ	26
	チリガーリックシュリンプ	28
	ツブ貝のバター焼き	30

肉料理	ガーリックBeefステーキ	32
	焼き野菜とにんにくのローストポーク	34
	ガリバタチキン	36
食事料理	釜揚げシラス、シソ、たくあん ガーリックライス	38
	ザ・福地ホワイト六片ペペロンチーノ	40
	海老とにんにくクリームラザニア	42
	クリスピーガーリックピザ	44
デザート	にんにくアイス	46

訪問絵日記	安倍夜郎が行った「にんにくバル ザ・ガーリック中野」	48

にんにくを仕込む

ガーリックバター	50
ジンジャーソース	51
ナッツドレッシング	52
赤ワインソース	53

にんにくを語る

ギルティペペロンチーノ誕生秘話	54

目次

にんにくを飲む

garlicレモンサワー、garlicハイボール、 garlicブラッディ・メアリー　　58

garlicサングリア、garlicソルティ・ドッグ、 garlicジンジャーエール　　60

にんにく×和食

おでん、肉じゃが、茶碗蒸し　　62

にんにく×中華

麻婆豆腐、焼売　　64

にんにくを楽しむ

賄い料理
中華鍋で作る煮込みにんにくの親子丼	66
まかない本気度200％シーフードタコライス	68
にんにくマシマシ スパゲッティナポリタン	70
奥渋谷生まれのきまぐれパエリア	72
味噌仕込みにんにくもつ鍋	74
男のガーリック生姜焼き	76
牛スジ竜田揚げキノコあんかけ	77

訪問絵日記 ラズウェル細木が行った「にんにくバル にょんにょご」　　78

ひとり晩酌	にんにくごま鯛茶漬け、葉にんにくのヌタ、きゅうりとにんにくの浅漬け	82
	おにぎり（にんにく肉味噌、にんにく卵黄）、G郎ラーメン	84

にんにくを解き放つ

キャンプ飯	赤身ステーキG飯チャーハン	88
	肉＋にんにく＋肉＝BBQ	89
	黒アヒージョ、がーりっく♡サーモンホイル焼き	90

にんにくを買う、保存する、消し去る　92

おわりに		94

このたびは『にんにく料理のトリセツ』をお買い上げ賜り、厚く御礼申し上げます。ご使用に先立ち、このトリセツ（取扱説明書）をよくお読みいただき、本書の性能を充分ご理解のうえで適切な取り扱いと保持をしていただいて、いつまでも安全に能率よく、お使いくださるようお願いいたします。なお、このトリセツ（取扱説明書）は、お手許に大切に保管してください。

にんにくを知る

国産にんにくの世界と大蒜の歴史

『にんにくバル ザ・ガーリック』では、毎日のように大量の《にんにく》を使って、さまざまな料理を作っていますが、まずは本書の主役《にんにく》の基礎知識を整理してみました──

にんにく（大蒜　英名：Garlic　学名：Allium sativum）ヒガンバナ科 ネギ属の多年草

その歴史は古く、紀元前の古代エジプト・古代ギリシャなどで栽培され、最初は薬として利用されていたといいます。日本には中国経由で平安時代あたりに伝わったらしく、食材として使われるようになったのは江戸時代。当時の料理書などにもいくつか《にんにく》が登場しているみたい……

ただ、その強い臭いや刺激から〚禁忌の食材〛とされ、日本では第二次世界大戦後まで一般にはあまり出回らなかったようです。

存在自体が強烈な《にんにく》は、歴史上の人物を語る逸話としても登場します。「クレオパトラは〚美〛のために、《にんにく》を愛用していた」「豊臣秀吉は《にんにく》を首飾りにして戦に挑んだ」「健康オタクだったともいわれる徳川家康は、長生きのために《にんにく》を日常的に食べていた」などなど。「吸血鬼ドラキュラが苦手なもの」とする話も有名ですよね。

国産にんにくの世界

国産にんにくは主に「寒地系」と「暖地系」の2種類があります。
「寒地系」：ホワイト種（鱗片が大きく、皮が白色＆マイルドな味わい）
「暖地系」：嘉定種（鱗片が小さく、皮は赤み＆味が濃い）
いろいろな品種が入手可能なので、お好みのものを探してみるのも楽しいですよ！

にんにく収穫量が多い都道府県

1位 青森県　　**2位 北海道**　　**3位 香川県**

※全国の生産量のうち約66％を占めている。　（2024年公開　e-Stat（政府統計ポータルサイト）より）

国産にんにくの主な品種

山形「最上赤にんにく」（もがみあか）

北海道「富良野にんにく」（ふらの）「ところピンクにんにく」など
ピンクがかった色味が特徴。サイズは小ぶりながら、甘みが強い。

福岡「博多八片にんにく」（はかたはっぺん）

長崎「壱州早生」（いっしゅうわせ）「平戸にんにく」（ひらど）

青森「福地ホワイト六片」（ふくち ろっぺん）
大玉サイズのものが多く、表面に張りがあって、形が整っている。白色が際立っていて〈ホワイト〉と名付けられた。糖度が40度以上と甘みが強く、濃厚でみずみずしい味わいが特徴。「にんにくバル ザ・ガーリック」御用達！

沖縄「島にんにく」（しま）

静岡「遠州極早生」（えんしゅうごくわせ）

🧄 にんにくを作る

青森で"福地ホワイト六片"を収穫する

　青森県のJR八戸駅から車で約1時間。鬱蒼とした山道を抜けると、そこには別世界が広がっている。なだらかな傾斜に沿って、整然と並ぶにんにくの葉と、土をまとったままのにんにくが積み上げられた光景だ。畑に一歩踏み入れると、店で使っているものとはひと味もふた味も違った生命力あふれる香りに包み込まれる。

　毎年、6月の終わり頃になると、私たちはにんにく農家さんのところへ収穫の手伝いをしに行く。土の中からにんにくを掘り起こすたびに、茎や葉、にんにく全体からその香りを実感する。土だらけの手、目に映る色彩、にんにくを育む大地の温かさと力強さを五感で感じられる貴重な時間だ。

　農家の方が土を払った真っ白な生にんにくを1片、そっと差し出してくれた。国産にんにくの雄とうたわれる【福地ホワイト六片】──ひとくち齧れば、採れたての水々しい食感と、ピリッとした爽やかな辛味、そして広がる極上の甘味。この時期、この場所でしか味わえない特別な経験だ。

　額に浮かぶ汗をぬぐい、広大な畑を見渡す。明日からの料理に想像を膨らませながら、《自然の恵みへの感謝》《生産者への敬意》を噛みしめて、また来年もこの地を訪れることを誓う一日であった。

にんにくを敬う

合法で飛べます

　《にんにく》は昔から〘スタミナ食材〙や〘元気の源〙と言われていますが、その大きな要因はアリシンという成分。そうです、あのニオイを発する張本人こそが《にんにく》の特徴であり、最強の武器なんです。その効果は、疲労回復、滋養強壮、血行促進、免疫力アップ──まさに〘元気の源〙。見た目は小さな粒ですが、そこには、多くの栄養素とうま味成分が詰まっていて、めちゃくちゃ有能な食材です。《にんにく》の栄養素は、未知の部分もありますが、少し数えただけでもこんなに……。それが、肉や魚、野菜や炭水化物と組み合わされば、皆さんもよく知っている「美味しすぎる料理」の数々に大変身しちゃいます。難しいことは束の間、頭の片隅に置きつつ、まずは美味しく食べる方法を知っていただければ嬉しいかぎりです。

　栄養素のひとつ《ビタミンB_6》はエネルギー代謝向上とともに、セロトニン、ドーパミンの分泌を促し、幸福感やリラックス感を増幅させてくれる効果も……私たちは、この高揚感を〘合法で飛べます〙と表現しました！　そんな《にんにく》に敬意を払いながら、是非ともご一緒に私たちの推奨するにんにく料理の世界を体感しましょう!!!

中山治伸
（自称：ガーリックマスター）

主な栄養素と効果

ビタミンB₁	疲労回復、血行促進
ビタミンB₆	エネルギー代謝向上、リラックス効果
アリシン（アリイン）	疲労回復、滋養強壮、血行促進、免疫力アップ
食物繊維、βカロテン	美肌効果
リン	歯や骨の形成
葉酸	貧血予防

うま味成分

《にんにく》は三大うま味成分のひとつ「グルタミン酸」を多く含んでいます。だから、「イノシン酸」を多く含む牛肉や豚肉、「グアニル酸」を多く含む干したキノコ類と組み合わせれば《うま味の相乗効果》が楽しめますよ。

さてさて、いよいよ「実食編」です。ココロと胃袋の準備はできましたでしょうか？　本書のレシピは、すべて【福地ホワイト六片】を使用した分量表記となっています。この機会に、是非とも【福地ホワイト六片】を入手して、トリセツのメニューに挑戦していただければと思います。もし、外国産ニンニクなどを使用する場合は、表記の分量よりも{ちょっと少なめ}で料理いただくことをオススメします！　さあ、みなさま──背徳と魅惑が渦巻く〖にんにく料理の扉〗を開きましょう!!!!!

にんにくを食べる

本書の使い方

- □ 計量単位は、小さじ1が5㎖、大さじが15㎖としています。
- □ 野菜や果物は、特に記載のないかぎり、水で洗う、皮を剥く、ヘタや種、筋を除くなどの作業を済ませてからの手順を表記しています。
- □ 魚介類は、「アサリの砂ぬき」「エビの背ワタ取り」など基本的な下処理を済ませてからの手順を表記しています。
- □「適量」の表記につきまして、季節や体調、好みなどに合わせて少しずつ調整してください。
- □ ソースなどを保存する場合には、きちんと煮沸消毒をした容器をご使用ください。

Garlic Meter 🧄🧄🧄🧄🧄
にんにくの〘使用量&攻撃力〙を
1〜5段階のレベルにして表記した目安です。
料理をする際の参考にしてください。

前菜

にんにくを食べる

材料（2人分）

きゅうり……2本（約200g）
大根……1/6本（約150g）
ミニトマト……4個
ヤングコーン……2本
みょうが……1個
パプリカ……1/4個（約40g）
にんにく〈スライス〉……4片（約32g）

A：ピクルス液
穀物酢……125㎖
米酢……50㎖
砂糖……25g
醤油……小さじ1/3
ローズマリー……1/2本

> まずは、「ザ・ガーリック」の超定番。旬のお好み野菜をピクルス漬けにすれば日持ちもする簡単前菜のできあがりです。にんにくのピクルスは、そのまま食べるのはもちろん、ハンバーガーに挟んだり、タルタルソース作りのアクセントにもなりますよ！

彩り野菜とにんにくの ピクルス

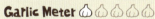
Garlic Meter

調理工程

1 スティック状にカットした大根と、乱切りにしたきゅうりを塩もみ（分量外）し、1時間程度おき、水洗いする。

2 ヘタを取ったミニトマトとスライスにんにくを沸騰したお湯に入れ、ミニトマトは30秒、にんにくは2分ボイル。それぞれを冷水で冷やし、ミニトマトは湯剥きにする。

3 みょうが、パプリカ、ヤングコーンはお好みの大きさにカットする。

4 Aの材料を砂糖がしっかり溶けるまで混ぜ合わせる。

5 1〜3の野菜と、4を保存容器に入れ、一晩以上 冷蔵庫で漬け込む。

修業時代に師匠から受け継いだ、30年来のにんにく専門店伝統の一品。豪快にかぶりつけば、外はカリカリ、中からはしっかりと染み込んだ濃厚なガーリックバターがジュワッと溢れ出し、キンキンに冷えたビールで追いかけたくなること間違いなし!

Garlic Meter ●●○○○

秘伝 自家製バターのガーリックトースト

材料(2人分)

市販のフランスパン……1/2本
ガーリックバター(p50参照)……50g
ドライパセリ……適量
ガーリックチップ(※1)……適量

調理工程

1. ガーリックバターを柔らかくなるまで常温で戻す。
2. フランスパンを横半分に切り、ガーリックバターを塗ってトースターで焼き色がつくまで焼く。
3. ガーリックチップ、ドライパセリをかけて完成。

※1:ガーリックチップ

にんにく〈スライス〉……適量
オリーブオイル……適量

1. 1.5mm程度にスライスしたにんにくを弱火でじっくりと揚げ焼きにする。
2. キツネ色になったらキッチンペーパーに広げ、冷ましたら完成。

> お店メニュー「不動のベスト5」に入る大人気の逸品。ジューシーでワイルド、ナイフを入れれば肉汁が溢れ出し、にんにくもガツンと主張してきます。今回は家庭でも作れる簡易バージョンですが、より本格的に作るなら「ソーセージメーカー&豚腸」にも挑戦してはいかがでしょう!?

Garlic ソーセージ

Garlic Meter 🧄🧄🧄🤍🤍

材料（2人分）

豚ひき肉……250g
粒マスタード……適量
ガーリックチップ（p19参照）……適量
サラダ油……適量

A
にんにく〈すりおろし〉……1片（約8g）
ローズマリー〈刻み〉……1本
チリパウダー……小さじ3/4（約1.5g）
ブラックペッパー……小さじ3/4（約1.5g）
塩……小さじ1/3（約2g）

調理工程

1 ボウルにしっかり混ぜた**A**、豚ひき肉を入れ、すべてを混ぜ合わせたら冷蔵庫で一晩寝かせる。（混ぜる際、温度が上がらないよう氷水を当てる）

2 1を2等分し、それぞれをラップでキャンディ状に両端をねじり、棒状に包む。

3 2をアルミホイルで包み、冷蔵庫で15分ほど冷やす。

4 フライパンにサラダ油をひき、包みを外した3を強火で両面に焼き目を付けたら、弱火にして5分ほど中まで火を通す。

5 お好みで粒マスタード、ガーリックチップを添える。

※「豚腸バージョン」で作る際は、沸騰したお湯で8分ほど茹で、フライパンで焦げ目をつければ完成です！

材料（2人分）

- フランスパン……1/4本
- ポーチドエッグ……2個
- 生ハム〈ベーコンでも代用可〉……60g
- にんにく〈潰し〉……6片（約48g）
- にんにくオイル〈p92参照〉……大さじ1
- チキンブイヨン……小さじ1
- パプリカパウダー……大さじ1/2（約8g）
- 水……500㎖
- ローリエ……1枚
- 塩……少々
- コショウ……少々
- イタリアンパセリ……適量

> "アホ"とは？──スペイン語で「にんにく」のこと。アホスープは、羊飼いが硬くなったパンを使って作ったことが発祥といわれ、スペインでは長く愛されている食卓の定番メニューです。身体を温め、元気回復効果も抜群なので、風邪をひいたときにも最適。まさしく《おふくろの味》です！

スペイン おふくろの味
アホスープ

Garlic Meter 🧄🧄🧄🤍🤍🤍

調理工程

1. フランスパンを
ひとくちサイズにカットする。

2. 鍋ににんにくオイルを入れて弱火で温め、
香りが出てきたら、
細切りの生ハム（またはベーコン）と
パプリカパウダーを炒める。

3. 潰しにんにく、水、
チキンブイヨン、ローリエを加え、
中火で煮込む。

4. 5分ほど煮込み
1と刻んだイタリアンパセリを入れて、
パンがトロトロになったら
塩、コショウで味を調える。

5. カップに取り分けたら、
ポーチドエッグを入れて完成。

材料（2人分）

- 海鮮素材(有頭えび、ホタテ、あさり、牡蠣、イカなど)……適量
- 玉ネギ〈刻み〉……1個（約200g）
- ニンジン〈刻み〉……1/2本（約75g）
- セロリ〈刻み〉……1/2本（約60g）
- セロリの葉……4枚（約20g）
- にんにく〈潰し〉……10片（約80g）
- にんにく〈刻み〉……5片（約40g）
- ガーリックバター(p50参照)……15g
- トマト缶……1缶（約400g）
- 水……300㎖
- オリーブオイル……大さじ2
- チキンブイヨン……大さじ1
- サフラン……ひとつまみ
- タイム……3本
- ローリエ……1枚
- 白ワイン……大さじ5（約75㎖）
- 塩……少々
- コショウ……少々

> 「世界三大スープ」に数えられるブイヤベースの凝縮された旨みに、にんにくが加わると疲れが一瞬で吹き飛ぶようなご馳走メニューになります。海鮮素材はお好みのものを入れていただきつつ、是非とも牡蠣は加えてほしい……出汁の深さが圧倒的にあがりますよ！

ガーリックブイヤベース

Garlic Meter 🧄🧄🧄🧄🧄

調理工程

1. 深めのフライパンにオリーブオイル、刻みニンニクを入れ、弱火で香りを出したら、玉ネギを加えて塩、白ワインを入れる。

2. 玉ネギがキツネ色になり、水分が減ってきたらニンジン、セロリを入れて、弱火のまま15分ほど炒める。

3. 水、潰しにんにく、トマト缶、サフラン、タイム、ローリエ、セロリの葉、チキンブイヨンを入れて、30分ほど煮込む。

4. 3をザルなどでしっかり濾して、別の鍋に入れ替え、塩、コショウで味を調える。

5. 4に食べやすい大きさにした海鮮素材を入れ、魚介に火が入ったところでガーリックバターを溶かし込んだら、完成。

材料（2人分）

カンパチ〈刺身用〉……約200g
玉ネギ〈みじん切り〉……1/4個（約50g）

A：西洋わさびとアンチョビのソース（※1）
　　……大さじ1と1/3（約30g）
B：ジンジャーソース（p51参照）
　　……大さじ1と1/3（約30g）

塩……適量
コショウ……適量
にんにく〈スライス〉……適量
にんにくのピクルス（p16参照）……適量
ガーリックチップ（p19参照）……適量
食用菊の花……適量

> カツオの薬味としてにんにくは定番ですが、《にんにく×生魚》は相性抜群なんです。薄くスライスした生にんにくのピリッとした辛味が魚の旨みを引き立て、臭みも消してくれます。旬の鮮魚であればブリ、サワラ、ヒラマサなどもオススメ。西洋わさびソースは魚だけでなく、鶏肉にも合うので焼き鳥に、ジンジャーソースはネギと合わせて唐揚げにかけても美味です!!

旬の鮮魚とにんにくの
カルパッチョ

Garlic Meter

調理工程

1 玉ネギはみじん切りにして10分ほど水にさらし、キッチンペーパーで水気を絞る。

2 カンパチを3㎜くらいの薄切りにして、皿に並べる。

3 2に塩を少々ふり、1をのせ、A、Bのソースをそれぞれかける。

4 スライスしたにんにくのピクルス、ガーリックチップ、コショウをかける。

5 最後に1mm程度に薄くスライスしたにんにくを添えて、食用菊の花を散らす。

※1：西洋わさびとアンチョビのソース

西洋わさび〈ホースラディッシュ〉……25g
アンチョビ……30g
ケッパー……35g
にんにく……3g
オリーブオイル……大さじ4強

1 ケッパーとアンチョビを細かく刻み、にんにくはすりおろす。

2 ボウルに1とその他の材料をすべて入れ、よく混ぜ合わせる。
（ミキサーで混ぜ合わせれば、さらに滑らかな仕上がりになります）

前菜 / スープ / 魚料理 / 肉料理 / 食事料理 / デザート / 仕込む / 飲む / 和食 / 中華 / 賄い料理 / ひとり晩酌 / キャンプ飯

材料（2人分）

無頭の殻付きエビ……10尾
レモン〈スライス〉……10枚
玉ネギ〈くし切り〉……1/2個（約100g）
ガーリックチップ（p19参照）……適量
チリパウダー……小さじ1/4
片栗粉……小さじ1
塩……小さじ1/2

[チリソース]

A
にんにく〈刻み〉……5片（約40g）
にんにく〈すりおろし〉……2片（約16g）
しょうが〈すりおろし〉……大さじ1（約15g）
オリーブオイル……大さじ1

B
玉ネギ〈粗みじん切り〉……1/6玉（約40g）
ケチャップ……大さじ2と1/3（約35g）
ナンプラー……小さじ1/4（約1.5g）
ホットソース（ピリ辛チリソース）……大さじ1（約20g）
レモン汁……小さじ4
乾燥バジル……小さじ1/2（約1g）
水……50ml

Garlic Meter 🧄🧄🧄🧄🧄

エスニック風のピリ辛ソースとにんにくのパンチが食欲をそそる。スキレットで熱々にした殻付きエビは、ビールにもバゲットにも合いますよ!! このレシピは《中辛》くらいの辛さなので、激辛好きの方はホットソースの量を増やしてお楽しみください。

チリガーリックシュリンプ

調理工程

1 フライパンでAを炒め、香りが出てきたらBを加えて強火にする。
2分ほど沸騰させて弱火にし、とろみがついたら火を止めて冷ましておく。

2 殻付きエビの背ワタをとり、片栗粉と塩で揉んでから流水で洗い、水気をとる。

3 1にエビを入れて、3時間以上漬け込む。

4 スキレットに玉ネギを敷き、3とスライスレモンを並べて、オーブントースター（250℃設定）で5分ほど焼く。

5 エビに火が通ったら、ガーリックチップ、チリパウダーをかける。

29

材料（2人分）

ツブ貝〈ボイル〉……70g
玉ネギ〈粗みじん切り〉……1/4玉（約50g）
マッシュルーム〈粗みじん切り〉……2個（約20g）
ハーブバター（※1）……60g
にんにく〈刻み〉……3片（約24g）
オリーブオイル……大さじ1
塩……少々
コショウ……少々
バゲット〈スライスカット〉……適量

※1：ハーブバター
玉ネギ〈みじん切り〉……1/10（約20g）
パセリ〈刻み〉……20g
無塩ミックスナッツ〈砕く〉……10g（約3粒）
にんにく〈すりおろし〉……1/2片（約4g）
にんにくオイル（p92参照）……大さじ1
バター……45g

ツブ貝のバター焼き

Garlic Meter 🧄🧄🧄🧄🧄

調理工程

1 フライパンにオリーブオイル、ツブ貝、玉ネギ、マッシュルーム、にんにくを入れ、塩、コショウをして、5分ほど炒める。

2 1の粗熱を取ったら、ハーブバターを混ぜ、塩、コショウで味を調える。

3 2を耐熱皿に移して、オーブントースターで10分あたため、バゲットを添えればできあがり。

※1：ハーブバター

1 にんにくオイルを弱火で熱し、香りが出たらバター以外の材料を入れて15分ほど煮込む。その後、鍋底に氷などを当てて完全に冷ます。

2 ボウルで常温に戻したバターと1を混ぜ合わせる。

にんにくを食べる
肉料理

"ビーフステーキ+にんにく"は永遠の名コンビ。王道にして、最強!!! 食べごたえバツグンの肉塊を特製の赤ワインソースで仕上げる「ザ・ガーリック」の名物メニューです。すりおろしやスライスのにんにくを《マシマシ》にしていただくのもオススメ!!

材料（2人分）

- 牛肉（ステーキ用/厚さ2cm程度）……300g
- 玉ネギ〈スライス〉……1/4個（約50g）
- キャベツ〈3cm角カット〉……1/8個（約150g）
- にんにく〈刻み〉……2片（約16g）
- にんにく〈1/2カット〉……4片（約32g）
- 赤ワインソース（p53参照）……50mℓ
- 塩……適量
- コショウ……適量
- オリーブオイル……適量
- ガーリックチップ（p19参照）……適量
- ドライパセリ……適量

ガーリック Beef ステーキ

Garlic Meter 🧄🧄🧄🧄🧄

調理工程

1 強火で熱したフライパンにオリーブオイルを入れ、牛肉をフライパンに押しつけて、両面にしっかり焼き色がつくよう、片面30秒ずつ焼く。
（脂身があれば、側面もカリッとなるように30秒ほど押しつけながら焼く）

2 1をアルミホイルで包み、ガスコンロ周りなどの温かいところで10分ほど休ませる。肉の状態を確認しつつ、火の入りが甘ければ、もう一度弱火で30秒ほど軽く焼き、好みの焼き加減を目指す。

3 牛肉を焼いたフライパンで玉ネギ、キャベツを炒めて、塩、コショウで味を調える。

4 小鍋でサラダ油（分量外）を熱し、1/2カットのにんにくをキツネ色になるまで弱火で揚げて、取り出しておく。

5 フライパンで刻みにんにくをオリーブオイルで炒めたら、赤ワインソースを加え、アルコールを飛ばしながら煮詰める。

6 皿に3をしき、食べやすい大きさに切った2を並べたら5をかけて、4とガーリックチップをのせる。ドライパセリを飾って、完成。

材料（2人分）

豚バラブロック……500g
にんにく〈スライス〉……2片（約16g）
にんにく〈刻み〉……1片（約8g）
赤ワインソース（p53参照）……100㎖
塩……4g（豚肉に対して0.8％量）
コショウ……少々
オリーブオイル……適量
ガーリックチップ（p19参照）……適量
イタリアンパセリ……適量

☆季節の野菜（お好みのものを4種くらい）
ズッキーニ……適量
スナップエンドウ……適量
ミニトマト……適量
とうもろこし……適量

焼き野菜とにんにくのローストポーク

Garlic Meter 🧄🧄🧄🧄🧄

調理工程

1 豚肉を5㎝角程度に切り分け、塩、コショウをすり込む。スライスにんにくを豚肉全体に貼りつけて、湯煎可能なフリーザーバッグにオリーブオイルと一緒に入れ、空気を抜いて密封。冷蔵庫で3時間〜一晩ほど漬け込む。

2 鍋でお湯を沸かし、漬け込んだ豚肉をフリーザーバッグごと30分ほど湯煎する。

3 2の豚肉をフリーザーバッグから取り出し、オリーブオイルで表面がカリッとするように焼く。

4 フライパンにオリーブオイルをひき、食べやすい大きさに切った季節の野菜（今回はズッキーニ、スナップエンドウ、ミニトマト、とうもろこし）を焼いて、塩、コショウで味を調える。

5 皿に4を敷き、2㎝くらいの厚みに切った3を並べる。

6 小鍋にオリーブオイルを入れて刻みにんにくを炒め、フリーザーバッグに残った漬け込みダレ、スライスにんにく、赤ワインソースを加えて沸騰させる。

7 弱火にして、さらに5分ほど煮詰めた6を5にかけ、ガーリックチップ、イタリアンパセリを散らせば完成。

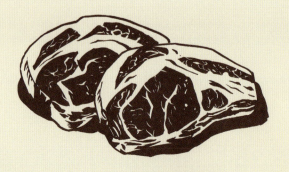

材料（2人分）

鶏モモ肉……2枚（約500g）
長ネギ〈刻み〉……1/4本（約25g）
にんにく〈刻み〉……1片（約8g）
塩……適量
コショウ……適量
サラダ油……大さじ2
オリーブオイル……大さじ1
ガーリックチップ（p19参照）……適量
サニーレタス……適量
紅心大根〈スライス〉……適量

A：ガーリックバターソース

ガーリックバター（p50参照）……大さじ1（約15g）
オイスターソース……大さじ1
醤油……大さじ1
マヨネーズ……大さじ1（約15g）
水……50㎖
にんにく〈すりおろし〉……2片（約16g）

> コロナ禍の営業自粛期間……地元の方たちにお店を覚えていただくきっかけとなった、お弁当の人気メニュー。「美味しいだけじゃなく、元気もわいてくる！」との感想をもらい、私たちにとっても思い入れの強い一品です。

ガリバタチキン

Garlic Meter 🧄🧄🧄🧄🧄

調理工程

1 フライパンにサラダ油をひき、塩、コショウで下味をつけた鶏モモ肉を皮目から焼く。

2 鶏肉にアルミホイルをかぶせ、小鍋や皿など重しとなるようなものをのせて、フライパンに押しつけるよう中火で10分ほど皮がパリパリになるまでじっくりと焼く。
（途中、焼き面の状態を確認して、焦げそうであれば弱火に調整する）
（鶏肉は9割がた皮面からの加熱で火を通し、身面の焼き時間は1割を目安に）

3 別のフライパンにオリーブオイルをひき、刻みにんにくを炒めたら、Aを加えて煮詰める。

4 皿にちぎったサニーレタスをしき、食べやすい大きさに切った2を並べる。

5 4に3のソースを回しかけ、ガーリックチップ、刻み長ネギを散らして、紅心大根を添えたらできあがり。

前菜 / スープ / 魚料理 / **肉料理** / 食事料理 / デザート / 仕込む / 飲む / 和食 / 中華 / 賄い料理 / ひとり晩酌 / キャンプ飯

37

> お店でも大人気の"〆ごはん"といえば、コレ!!! 老若男女から絶賛をいただいている看板メニューです。調理は強火で、一気に仕上げるのが美味しさの秘訣。たくあんの食感、シラスの香ばしさ、にんにくの香りが150％楽しめる逸品、是非ともご賞味あれ!!

Garlic Meter 🧄🧄🧄🧄🧄

釜揚げシラス、シソ、たくあん
ガーリックライス

材料（2人分）

白飯……1合半（約450g）※温かい状態のもの
卵……2個
シラス……40g
大葉〈千切り〉……4枚（約4g）
にんにく〈1/2カット〉……15片（約120g）
赤ワインソース（p53参照）……大さじ3
ガーリックバター（p50参照）……15g
ラード……大さじ2（約24g）
醤油……小さじ1/2
ガーリックパウダー……小さじ1/4
塩……少々
コショウ……少々
サラダ油……適量
ガーリックチップ（p19参照）……適量

A
長ネギ〈みじん切り〉……1/5本（約20g）
シラス……40g
たくあん〈5mmスライス〉……80g

調理工程

1. 小鍋にサラダ油を入れ、1/2カットのにんにくをキツネ色になるまで弱火で揚げ、キッチンペーパーに取り出しておく。

2. 温かい状態の白飯にガーリックパウダーをふりかける。

3. フライパンを強火で熱し、ラード、溶き卵をなじませたら、2を加えて全体を合わせる。

4. 塩、コショウで下味をつけ、フライパンの縁から赤ワインソースを回し入れる。

5. 1とAを加えて一気に炒め、ガーリックバターを入れて全体になじませる。

6. 醤油で香りづけをし、塩、コショウで味を調える。

7. 皿に盛り、シラス、大葉、ガーリックチップを散らせば完成。

「ザ・ガーリック」の代名詞ともいえる"福地ホワイト六片"をふんだんに使った逸品‼ 国産にんにくの王様とも呼ばれるホワイト六片は、旨味・甘味・香りのバランスが抜群です。通常の5倍量（⁉）を使ったオリジナルのペペロンチーノですので、是非とも【福地ホワイト六片】でお試しいただければ嬉しいです‼‼

Garlic Meter 🧄🧄🧄🧄🧄

ザ・福地ホワイト六片 ペペロンチーノ

材料（2人分）

- スパゲッティ（乾麺）……200g⇒1.9mmがオススメ
- 白ワイン……大さじ1
- 魚醤……大さじ1/2
- 茹で汁……大さじ5
- 水……2ℓ
- 塩……大さじ1と1/3（約20g）
- オリーブオイル……大さじ2
- 鷹の爪〈輪切り〉……10切
- イタリアンパセリ……適量
- ガーリックチップ（p19参照）……適量

A
- にんにく〈刻み〉……4片（約32g）
- にんにく〈潰し〉……15片（約120g）
- にんにく〈スライス〉……5片（約40g）

調理工程

1. フライパンにオリーブオイル、鷹の爪、**A**を入れ、弱火で香りを出したら、白ワインを回しかけてアルコールを飛ばす。

2. 2ℓの水を沸騰させたら塩を入れ、スパゲッティを表記時間より1分短く茹でる。

3. **1**に茹で汁を入れて、にんにくが柔らかくなるまで煮込む。

4. スパゲッティを取り出し、**1**のフライパンに入れたら、汁気をすわせるイメージで混ぜる。

5. **4**にイタリアンパセリ、オリーブオイル（分量外）を入れて煽り、魚醤で味を調える。

6. 皿に盛りつけ、ガーリックチップを散らしたら完成。

材料（2人分）

- 乾燥サクラエビ〈刻むor砕く〉……40g
- ラザニアシート……3枚（約50g）
- ムキエビ……6尾
- 玉ネギ〈薄切り〉……40g
- にんにく〈刻み〉……4片（約32g）
- にんにく〈すりおろし〉……1.5片（約12g）
- にんにく〈スライス〉……1.5片（約12g）
- ピザ用チーズ……30g
- 牛乳……200ml
- 生クリーム……200ml
- 薄力粉……大さじ1/2（約10g）
- チキンブイヨン……小さじ1/2
- ガーリックパウダー……小さじ1/2
- オリーブオイル……大さじ2
- 塩……適量
- コショウ……適量
- ガーリックチップ（p19参照）……適量

絶品な"海老ガーリック クリームソース"が自慢!! お店では釜揚げの生サクラエビを1時間程度じっくり炒めた、1日5食の限定メニューです。ご家庭では扱いやすい乾燥サクラエビを使って再現してみてください。ひと手間ですが、刻んだり、砕いたりすることで風味と味わいが増しますよ!

海老とにんにくクリーム ラザニア

Garlic Meter 🧄🧄🧄🧄🧄

調理工程

1 フライパンにオリーブオイル、刻みにんにく、すりおろしたにんにくを入れ、弱火で香りを出したら乾燥サクラエビ、玉ネギをじっくり炒める。

2 薄力粉を少しずつ入れ、具材と混ざり合ったら、3回に分けて牛乳を加える。

3 とろみが出てきたら生クリーム、チキンブイヨン、ガーリックパウダーを入れ、弱火のまま煮詰めて、塩、コショウで味を調える。

4 別の鍋でラザニアシートを表示時間通り、ムキエビは2分茹でて、それぞれ氷水で冷やしたらザルにあげておく。

5 耐熱のグラタン皿に**3**のソースを少量（1/4くらい）広げて伸ばし、4等分にしたラザニアシートを並べる。（この工程をラザニアシートとソースがなくなるまで繰り返す）

6 **5**にピザ用チーズ、スライスにんにく、**4**のムキエビをのせ、オーブントースター（250℃設定）でソースが沸くまで5分ほど焼く。仕上げにガーリックチップを散らして、できあがり。

材料（2人分）

ピザ生地（クリスピータイプ）
　……1枚⇒8インチ（約20cm）くらいのサイズ
マッシュルーム……4個（約40g）
マイタケ……50g
ヒラタケ……50g
しいたけ……50g
赤ワインソース（p53参照）……大さじ4
ガーリックバター（p50参照）……60g
ピザ用チーズ……100g
玉ネギ〈薄切り〉……1/4個（約50g）
にんにく〈スライス〉……3片（約24g）
にんにく〈刻み〉……2片（約16g）
オリーブオイル……小さじ1
アイオリソース（※1）……大さじ2（約30g）
チリパウダー……適量
ガーリックチップ（p19参照）……適量
ドライパセリ……適量

> フランスの"タルトフランベ"をヒントに作ったオリジナルの薄焼きタイプピザです。お店では生地から手作りしていますが、今回は市販のクリスピータイプ生地を使ったレシピになります。紹介する「キノコ」を使ったメニューだけでなく、チーズ＆ガーリックなどシンプルな組み合わせもオススメですよ！

クリスピーガーリックピザ

Garlic Meter 🧄🧄🧄🧄🧄

調理工程

1 フライパンで食べやすい大きさに切ったマッシュルーム、マイタケ、ヒラタケ、しいたけを素焼きにする。触らずに弱火でじっくりと水分を飛ばし、旨みを凝縮させる。

2 しんなりして、焼き色がついてきたら赤ワインソースを回しかけ、再度水分を飛ばす。

3 ピザ生地にガーリックバターを塗り、ピザ用チーズを散らしたら、2、玉ネギ、スライスにんにく、刻みにんにくをのせる。

4 全体にオリーブオイルをかけて、オーブントースター（200℃設定）で5分くらい焼く。

5 アイオリソース、チリパウダー、ガーリックチップ、ドライパセリをかけて完成。

※1：アイオリソース

マヨネーズ……大さじ2（約30g）
にんにく〈すりおろし〉……1/2片（約4g）
牛乳……大さじ2
オリーブオイル……大さじ2
塩……適量
コショウ……適量

1 すべてをよく混ぜ合わせる。

前菜 / スープ / 魚料理 / 肉料理 / 食事料理 / デザート / 仕込む / 飲む / 和食 / 中華 / 賄い料理 / ひとり晩酌 / キャンプ飯

デザート

にんにくを食べる

材料（2人分）

バニラアイスクリーム……約200ml
にんにく〈1/4カット〉……4片（約24g）
牛乳……150ml
ミントの葉……適量

A
白ワイン……50ml
グラニュー糖……大さじ4（約50g）
水……約50ml

にんにくの町と呼ばれるアメリカ・カルフォルニア州のギルロイ（青森県田子町の姉妹都市）。ここで年に1度開催されるお祭り"ガーリックフェスティバル"で出会ったアイスクリームを再現したメニューです。お店ではバニラアイスも自家製ですが、このコンポートがあれば、市販のバニラアイスでも驚きのデザートタイムが楽しめますよ！

Garlic Meter 🧄🧄🧄

にんにくアイス

調理工程

1. 鍋に牛乳、1/4カットのにんにくを入れ、弱火で煮込む。牛乳が蒸発してきたらザルにあげ、ニンニクを流水で洗う。

2. 別の鍋に**1**、**A**を入れて、弱火で煮込む。とろみがつき、コンポート状になったら火を止め、鍋底に氷水を当てて冷ます。
（にんにく4粒は飾り用に取り出しておく）

3. ボウルにバニラアイスを入れて、少し柔らかくする。

4. **3**に**2**を混ぜ込んで、冷凍庫で冷やす。

5. 器に**4**を盛りつけ、飾り用にんにくとミントの葉を飾って、できあがり。

訪問絵日記 🧄 安倍夜郎

北見優作
（『たそがれ優作』より登場）

2024年 秋 某日（晴れのち曇り）

秋風に、なんとも言えない香りが入り混じって、流れてくる。

その香りに誘われて、店に入ってしまった。

どうやら"にんにく料理"の専門店らしい。

店内を見渡して驚いた。

とにかく女性のお客さんが多い。

こんなに女性がにんにく好きだとは思わなかった。

にんにくの丸揚げ、ガーリックトースト、きのこのガーリックピザ、ガーリックペペロンチーノ、ガーリックステーキに超にんにくギルティペペロンチー／自家製にんにくアイスクリーム——

次から次へと平らげて、飲むのはガーリックレモンサワー。

これじゃ男は勝てそうもないや。

安倍夜郎（あべ・やろう）

1963年、高知県生まれ。2004年『山本耳かき店』(小学館)で漫画家デビュー。2006年「ビッグコミックオリジナル」で始まった『深夜食堂』が人気を博し、2009年にテレビドラマ化、2015年と2016年に映画化もされた。2010年には第55回小学館漫画賞一般向け部門、第39回日本漫画家協会賞大賞を受賞。現在、WEBコミック「たそがれ食堂」(幻冬舎コミックス)にて、バツイチ脇役俳優・北見優作の酒食と誘惑を描くショートストーリー『たそがれ優作』を連載中。2023年にドラマ化(主演：北村有起哉)された。

「たそがれ食堂」→

安倍夜郎さんが訪れたのは……

にんにくバル
ザ・ガーリック中野

中野区中野5-32-5 神谷ビル102
03-5942-6505

〈営業時間〉
月曜日～木曜日・日曜日：17:00～23:00
金曜日・土曜日・祝前日：17:00～23:30
（※ラストオーダー1時間前）

〈定休日〉不定休

『にんにくバル ザ・ガーリック』を支える、美味しさの秘密は《仕込み》にあり!! 今回は、にんにく料理のレパートリーが一気に広がる秘伝の調味料レシピを大公開。今日から冷蔵庫の必需品になること間違いなしです。

にんにくを仕込む

材料

- バター（無塩）……130g
- 玉ネギ〈みじん切り〉……1/4（約50g）
- にんにく〈刻み〉……11片（約88g）
- オリーブオイル……55㎖
- 塩……大さじ1
- コショウ……適量

Garlic Meter 🧄🧄🧄🤍🤍

ガーリックバター

調理工程

1 小鍋にオリーブオイル、にんにくを入れ、弱火で煮込む。

2 にんにくが柔らかくなったら、玉ネギを加える。

3 玉ネギがしんなりしてきたら、塩、コショウを加えて火を止める。

4 ボウルに3を移して、固形をなくすようなイメージでにんにく、玉ネギを潰す。

5 4のボウルに氷水を当てて冷ます。

6 5にバターを入れて、ホイッパーで混ぜあわせれば完成。

Garlic Meter 🧄🧄🤍🤍🤍

ジンジャーソース

材料

ショウガ〈すりおろし〉……100g
にんにく〈すりおろし〉……3片（約24g）
ケチャップ……大さじ4（約60g）

A
みりん……大さじ4
醤油……80㎖
ゴマ油……95㎖
サラダ油……175㎖

調理工程

1 ボウルに
ショウガ、にんにく、**A**を入れ、
ホイッパーでよく混ぜ合わせる。

2 **1**にケチャップを加え、
なじませるように混ぜ合わせれば、
できあがり。

材料

ミックスナッツ……10g

A
玉ネギ〈すりおろし〉……1/4個（約50g）
にんにく〈すりおろし〉……1片（約8g）
ショウガ〈すりおろし〉……30g
ぽん酢……大さじ4
酢……大さじ2
グレープフルーツジュース……20㎖
はちみつ……大さじ1/2（約10g）
サラダ油……110㎖
砂糖……大さじ3と1/2（約32g）
塩……少々
コショウ……少々

調理工程

1. ボウルにAを入れ、ホイッパーでよく混ぜ合わせる。
2. 油っぽさがなくなったら、砕いたミックスナッツを加えて完成。

ナッツドレッシング

Garlic Meter 🧄🧄🧄🧄🧄

赤ワインソース

Garlic Meter 🧄🧄🧄🧄🧄

材料

玉ネギ〈すりおろし〉……1/2個（約100g）
にんにく〈すりおろし〉……1片（約8g）
ショウガ〈すりおろし〉……4g
赤ワイン……40㎖
醤油……100㎖
みりん……170㎖
料理酒……75㎖

調理工程

1 ボウルにすべての材料を入れ、ホイッパーでよく混ぜ合わせる。

2 1を小鍋に移し、半分程度の量になるまで煮詰めれば完成。

にんにくを語る

ギルティペペロンチーノ誕生秘話

　それは、ある日の深夜、妻・育子のつぶやきから始まった——

育子「今まで見たこともない、最高に美味しい《ペペロンチーノ》を看板メニューにしたいね！」

　この時、夫・治伸（ガーリックマスター）は、ここから数カ月におよぶ苦悩の日々が続くなんて考えてもいなかった。そう、すでに治伸にはいくつかのアイディアが浮かんでいて、おぼろげながら完成形のビジュアルが見えていたから……しかし、数日後——

第一弾 試作品（にんにく量3倍ver.）

治伸「こんなことじゃない！ にんにくが多ければいいってワケじゃないのは明白だ。福地ホワイト六片の真の魅力とは、絶対的エースとしての姿とは一体……!!??」

A few weeks later ……→

第二弾 試作品（ペーストver.）

治伸「香りがよく、濃厚なペペロンチーノになったが、明らかに何かが足りない」

さらに A few weeks later ……→

第三弾 試作品（ガーリックバターver.）

育子「このコク感はいい感じ。わたしは好きよ」
治伸「いや、にんにく本来の味を感じるという意味では違うんだ！」

第四弾 試作品（にんにくチップver.）

治伸「食感がいいのは確かだけど、主役を張れる姿ではない……」

そして、さらに A few weeks later ……→

第五弾 試作品（ボイルにんにくver.）

治伸「福地ホワイト六片の甘みは引き出せたが、刺激までもがまろやかになってしまった……」
育子「出汁での煮込みがきいていて、わたしは好きよ」

That night ☾

「コック人生を決定づけた福地ホワイト六片だというのに……なぜオレは、この《にんにく》に最高の舞台が用意できないんだろう」と店の片隅で缶ビールをあおり、天を仰ぐ治伸。
　そこに片づけを終えた育子が──「わたし、どれも好きよ。いっそのこと、全部入れちゃえば。オールスターキャストで」
　この瞬間、治伸に稲妻が落ちた……かどうかは分からないが、そのひと言で「にんにくバル ザ・ガーリック」の看板メニューが誕生した──という話。

店舗でしか食べられない至極のにんにく料理「超にんにく・ギルティペペロンチーノ」を是非ともお試しあれ!!!

「にんにく」の可能性は料理だけにとどまりません。漬け込み方や組み合わせのコツが分かれば、あなたもすぐに《ニンニク使いの名バーテンダー》です。食卓の風景は一気に華やぎ、何度も乾杯がしたくなりますよ！

にんにくを飲む

A：ガーリック ウォッカ

ウォッカ……300㎖
にんにく……5片（約40g）

1 ウォッカにニンニクを粒のまま漬け込む。
（2日ほどで飲み始められるが、
1週間ほど漬け込んでからのエイジングも楽しめる）

B：ガーリック はちみつレモン液

はちみつ……大さじ1と1/2（約30g）
レモン汁……70㎖
にんにく〈薄切りスライス〉……1片（約8g）

1 はちみつとレモン汁をよく混ぜ合わせ、
にんにくを1日以上漬け込む。

C：ガーリック ジンジャーシロップ

ショウガ〈薄切りスライス〉……75g
にんにく〈薄切りスライス〉……5片（約40g）
シナモンスティック……1本
砂糖……140g（オススメは「きび砂糖」）
水……150㎖
レモン汁……大さじ1

1 鍋に水と砂糖を入れ、砂糖が溶けたら
ショウガ、にんにく、シナモンスティックを加えて、
弱火で15分ほど煮る。

2 火を止め
レモン汁を加える。

3 保存用の瓶などで、
一晩以上 漬け込む。

garlic ブラディーメアリー

Garlic Meter 🧄🧄🧄🧄🧄

材料（1杯分）

A：ガーリックウォッカ……45㎖

トマトジュース（無塩）……130㎖
氷……適量
にんにくのピクルス（p16参照）……1枚
ミント……1枚
タバスコ……適量

garlic レモンサワー

Garlic Meter 🧄🧄🧄🧄🧄

材料（1杯分）

A：ガーリックウォッカ……45㎖
B：ガーリックはちみつレモン液……30㎖

炭酸水……170㎖
氷……適量
レモン〈スライス〉……2枚

garlic ハイボール

Garlic Meter 🧄🧄🧄🧄🧄

材料（1杯分）

B：ガーリックはちみつレモン液……30㎖

ウイスキー（お好みの物）……45㎖
にんにく〈すりおろし〉……1/5片（約1.5g）
炭酸水……170㎖
氷……適量

garlic ジンジャーエール

garlic サングリア

garlic ソルティドッグ

garlic ジンジャーエール

Garlic Meter ♣♣♣♣♡

材料（1杯分）

C：ガーリックジンジャーシロップ……45㎖

炭酸水……100㎖
氷……適量
にんにくのピクルス（p16参照）……1枚
ミント……1枚

garlic ソルティドッグ

Garlic Meter ♣♣♣♡♡

材料（1杯分）

A：ガーリックウォッカ……45㎖

グレープフルーツジュース……適量
レモン〈くし切り〉……1/8個（約10g）
炭酸水……120㎖
氷……適量
にんにくのピクルス（p16参照）……1枚
ミント……1枚
塩……適量

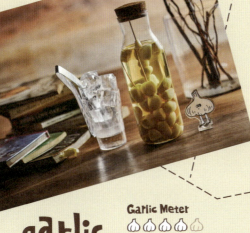

garlic サングリア

Garlic Meter ♣♣♣♣♡

材料

白ワイン……500㎖
バナナ……1/2本（約80g）
グレープフルーツ……1/3個（約140g）
りんご……1/5個（約70g）
冷凍ミックスベリー……適量
にんにく……4片（約32g）
砂糖……大さじ1
レモン汁……大さじ1

※白ワインに砂糖を入れ、よく混ぜ溶かしたら、
　ひと口サイズに切ったフルーツ類、にんにくを1日以上漬け込む。
　（にんにくは漬け込んだままでいいが、フルーツ類は2日で取り出す）

前菜 / スープ / 魚料理 / 肉料理 / 食事料理 / デザート / 仕込む / 飲む / 和食 / 中華 / 賄い料理 / ひとり晩酌 / キャンプ飯

にんにく×和食

ガーリックマスター・中山治伸が作り出す〚和〛の世界――「え〜〜!?」と驚き、「うま〜〜っ!!!」と感嘆してください。

おでん

Garlic Meter ●●●○○

寒風に凍え、背中を丸める季節になると恋しくなるのが"おでん"です。立ちのぼる湯気、鼻腔をくすぐる香り……そして、さまざまな具材の旨味をまとった熱々の出汁の素晴らしさ。今回は、にんにくとのマリアージュをお届けです。

材料（2人分）

- 大根〈3cm輪切り〉……1/2本（約450g）
- トマト〈湯剥き〉……2個（約300g）
- さつまあげ……4枚
- 結び昆布……4つ
- 茹で玉子……2個
- ちくわ……4本
- 出汁パックで取った出汁……750ml
- 醤油……大さじ2
- みりん……大さじ2
- にんにく〈スライス〉……3片（約24g）
- にんにく〈すりおろし〉……1片（約8g）
- にんにく〈潰し〉……8片（約64g）
- 塩……小さじ1/2
- 砂糖……大さじ1
- 鷹の爪〈輪切り〉……5切
- 練り辛子……適量（お好みで）

調理工程

1. 深めの鍋で出汁を沸かし、スライスにんにく、すりおろしにんにく、潰しにんにく、鷹の爪、醤油、みりん、塩、砂糖を入れる。
2. 1に大根、さつまあげ、結び昆布、茹で玉子、ちくわを入れる。
3. 大根に火が入ったら火を止め、トマトを入れる。
4. 鍋にフタをして、30分以上は冷ましながら味を染み込ませる。（一晩、寝かせるのがベスト）
5. 食べるタイミングで再び温め、お好みで練り辛子を添える。

肉じゃが

Garlic Meter ●●●●○

和食の代表格といえば"肉じゃが"ですよね。酒の肴にもごはんのお供にも「嫌い」な日本人は少ないんじゃないでしょうか？ そこに、にんにくを加えてみたら……旨味の相乗効果でコクと甘味が増した"オリジナル肉じゃが"が誕生しました。

材料（2人分）

- 豚バラ肉（薄切り）……200g
- ジャガイモ……4個（約600g）
- ニンジン……1本（約150g）
- 玉ネギ……2個（約400g）
- しらたき……1パック
- にんにくの芽……3本
- にんにく〈潰し〉……8片（約64g）
- にんにく〈スライス〉……3片（約24g）
- にんにく〈すりおろし〉……2片（約16g）
- 鷹の爪〈輪切り〉……5切
- ゴマ油……大さじ1
- 砂糖……大さじ3と1/3（約30g）
- 酒……大さじ4
- 醤油……大さじ5

調理工程

1. ジャガイモ、ニンジンは大きめの乱切り、玉ネギはクシ切り、豚バラ肉としらたきは食べやすい大きさに切る。
2. フライパンにゴマ油をひき、豚バラ肉、スライスにんにく、すりおろしにんにくを炒める。
3. 7割程度に火が通ったらジャガイモ、ニンジン、潰しにんにくを加える。
4. 全体に焼き色がついたら、しらたき、にんにくの芽を入れて混ぜ合わせ、別の鍋に移し替える。
5. 4のフライパンに酒を入れ、残された旨味ごとこそぎ、移し替えた鍋に入れる。
6. 鍋に玉ネギ、砂糖、醤油、鷹の爪を加え、ジャガイモを崩さないように混ぜながら煮込む。
7. 汁気が欲しい場合は少しずつ水（分量外）を足し、野菜全体に味と火が入れば完成。

茶碗蒸し

Garlic Meter ●●○○○

小さな器の中にギュッと詰まった具材を優しく包み込む"茶碗蒸し"……ゆり根や銀杏など、ほっこり食感も楽しみのひとつ。そこで、今回はにんにくに一役買っていただきました。ちょっとしたひと手間で、新境地のメニューに出会えますよ！

材料（2人分）

- 卵……1個
- 出汁パックで取った出汁……180ml
- にんにく……1片（約8g）
- にんにく〈スライス〉……3枚
- かまぼこ〈スライス〉……2枚
- しいたけ〈スライス〉……4枚
- 三つ葉……適量
- 醤油……小さじ1/2
- みりん……小さじ1/2
- 塩……ひとつまみ
- サラダ油……適量

調理工程

1. 1片のにんにくを半分に切り、キツネ色になるまでサラダ油で揚げ焼きにする。
2. 鍋で出汁を沸騰させ、スライスにんにくを入れたら火を止め、冷ましておく。
3. 充分に冷ました2に溶いた卵、醤油、みりん、塩を入れて混ぜ、ザルで濾す。
4. 耐熱容器（茶碗蒸しの容器）に3の卵液、1、かまぼこ、しいたけを入れて、電子レンジで加熱する。（ご使用の電子レンジごとの設定時間をご確認ください）
5. 加熱が終了したら三つ葉を飾り、できあがり。

にんにく×中華

材料(2人分)

- 豚ひき肉……300g
- 豆腐……1丁
- にんにく〈刻み〉……4片(約32g)
- オリーブオイル……大さじ2
- 水……300ml
- 水溶き片栗粉……大さじ3
- カレー粉……小さじ1/2
- 醤油……小さじ1
- 塩……適量
- コショウ……適量
- 長ネギ〈刻み〉……1/3(約60g)
- ガーリックチップ(p19参照)……適量
- 辣油……適量

A
- にんにく〈すりおろし〉……3片(約24g)
- にんにく〈潰し〉……6片(約48g)
- ショウガ〈すりおろし〉……20g
- 甜麺醤……大さじ2(約30g)
- 豆鼓醤……小さじ3(約20g)
- 豆板醤……小さじ3(約20g)
- 鷹の爪〈輪切り〉……6切

麻婆豆腐といえば「刺激×辛味×旨味」の塊で、ごはんのお替わり必至な鉄板おかず。今回はにんにくを筆頭に各種スパイスをバランスよく増量し、その破壊力はスーパーヘビー級です。大きめにカットした豆腐の美味しさも堪能できます。

麻婆豆腐

Garlic Meter 🧄🧄🧄🧄🧄

調理工程

1. フライパンにオリーブオイル、刻みにんにく、Aを入れて炒め、香りを出したら、塩、コショウで下味をつけた豚ひき肉を炒める。

2. 水、4cm角に切った豆腐を入れて煮込み、水溶き片栗粉でとろみをつける。

3. カレー粉、醤油を入れて皿に盛り、ガーリックチップ、刻み長ネギをのせ、辣油を回しかけたら完成。

ガーリックマスター・中山治伸が作り出す［中華］の世界――香りと旨味のレベルアップと組み合わせの妙をお楽しみください。

にんにくの相棒としては"餃子"が有名ですが、"焼売"だって負けてません！ 点心の雄・焼売がガーリックマスターの手腕によって新たなステージに進出です。青森で出会った「葉にんにく醤油」との相性も秀逸ですので、是非とも挑戦してください！

焼売

Garlic Meter 🧄🧄🧄🧄🧄

材料（8個分）

A
- 豚ひき肉……200g
- にんにく〈すりおろし〉……1片（約8g）
- オイスターソース……小さじ1/3
- ガーリックパウダー……小さじ1/6
- 砂糖……小さじ1と1/2（約6g）
- 塩……小さじ1/3
- 醤油……小さじ1/6

B
- 玉ネギ〈みじん切り〉……1/9個（約25g）
- 長ネギ〈みじん切り〉……1/9本（約25g）
- にんにく〈5mm角カット〉……2.5片（約20g）
- 片栗粉……小さじ2（約5g）

- にんにく〈1/2カット〉……4片（約32g）
- 焼売の皮……8枚
- サラダ油……適量
- 葉にんにく醤油（※1）……適量

調理工程

1 小鍋にサラダ油を入れ、1/2カットのにんにくを揚げ焼きにする。

2 Aの材料を混ぜ合わせる。

3 Bの材料を合わせ、1と混ぜ合わせる。

4 30g程度（500円玉くらいの大きさ）の団子にして、焼売の皮で包む。

5 4の上に1をのせて、火が通るまで蒸し上げたら完成。

6 葉にんにく醤油をつけて、めしあがれ。

※1：葉にんにく醤油

- 葉ニンニク（ワケギで代用可）……1本
- 醤油……大さじ1と1/3
- 出汁パックで取った出汁……大さじ4と1/3（約65ml）

1 刻んだ葉ニンニク、醤油、出汁を混ぜる。

前菜 / スープ / 魚料理 / 肉料理 / 食事料理 / デザート / 仕込む / 飲む / 和食 / 中華 / 賄い料理 / ひとり晩酌 / キャンプ飯

にんにくを楽しむ賄い料理

「ザ・ガーリック」のスタッフたちが作る〖賄い飯〗がSNSで超話題!! もしかしたら、店主夫婦より〔にんにく愛〕が深いかも——と思わせる料理の数々から、今回は至極の7品をご紹介します。大食漢なスタッフの胃袋を満足させるためか、分量は少し多めの3〜4人分のレシピです。スタッフ渾身のオリジナルメニューをお楽しみください。

特大の中華鍋で作られる「親子丼」は、鶏肉とにんにくがゴロゴロ入った魅惑の逸品。誰もが知っている「親子丼」とは、玉子とにんにくの甘みが格段に違います。ツユダクで食べるのがオススメです！

中華鍋で作る煮込みにんにくの親子丼

Garlic Meter 🧄🧄🧄🧄🧄

材料

鶏モモ肉……400g
玉ネギ〈くし切り〉……1/2個（約100g）
にんにく……8片（約64g）
卵……4個
三つ葉……適量
サラダ油……適量
白飯……お好きなだけ

A
醤油……大さじ3
みりん……大さじ6
酒……大さじ6
水……140㎖
砂糖……小さじ2
鶏がらスープの素……小さじ2
うま味調味料……小さじ1

清水大介
（しみず・だいすけ）
実家は老舗の和菓子屋。得意技の「チョコペンを使ったバースデープレート」が常連客に大人気。

調理工程

1 鶏モモ肉はひとくちサイズにカットし、サラダ油で炒める。

2 1をフライパンから取り出し、鶏肉から出た油で玉ネギを炒める。

3 軽く色がついたら合わせたAとにんにくを入れ、5分ほど煮込む。

4 3に1を加え、鶏肉に火が通ったら、中火にして卵を溶き入れる。

5 2分ほどで火を止め、三つ葉をかけて完成。

6 白飯にのせて、できあがり。

材料

- 冷凍シーフードミックス……230g～260g
- 玉ネギ〈みじん切り〉……1/4個（約50g）
- にんにく〈刻み〉……1片（約8g）
- 鷹の爪……1本
- 白ワイン……大さじ1
- 塩……適量
- コショウ……少々

A
- クミンパウダー……小さじ1/2
- ガーリックパウダー……小さじ1/2
- チリパウダー……少々
- オレガノパウダー……少々
- パプリカパウダー……少々

- 白飯……お好きなだけ
- シュレッドチーズ……適量
- サニーレタス……適量
- 紅心大根〈スライス〉……適量
- サルサソース（※1）……適量

中居賢司（なかい・けんじ）
イタリアン出身で「1000種のにんにくレシピ」を持つ男、と呼ばれているらしい……

グランドメニュー!? と見紛うほどの色鮮やかさがスタッフにも大人気な一品。野菜もたっぷりいただける、身体にも優しいオリジナル沖縄料理。

Garlic Meter 🧄🧄🧄🧄🧄

まかない本気度200%
シーフードタコライス

※1：サルサソース

- トマト……1個（約180g）
- 玉ネギ……1/6個（約35g）
- ピーマン……1個（約35g）
- にんにく〈すりおろし〉……1片（約8g）
- レモン汁……小さじ2
- 青唐辛子〈刻み〉……お好みで
- 塩……少々
- タバスコ……3滴

1. トマト、玉ネギ、ピーマンを5mm程度のダイスカットにし、ボウルなどでそのほかの材料とよく混ぜ合わせれば、できあがり。

調理工程

1. 解凍したシーフードミックスを軽く水洗いし、みじん切りにする。（フードプロセッサーでも可）
2. フライパンで刻みにんにくと鷹の爪を炒めて香りを出したら、1を加えて炒め、白ワインを入れる。
3. アルコールが飛んだら、玉ネギとAのスパイスを加えて10分ほど煮込み、塩、コショウで味を調える。
4. 皿に温かい白飯、周囲にちぎったサニーレタス、紅心大根を準備する。
5. 4に温めた3をかけ、シュレッドチーズ、サルサソースの順で盛りつければ、完成。

にんにくマシマシ スパゲッティナポリタン

> 祖父から口伝されたというナポリタンは、隠し味のナツメグがポイント。ペペロンチーノも顔負けなにんにく量で、お替わり必至なわんぱくメニューです。たっぷりの粉チーズも忘れずに!

Garlic Meter 🧄🧄🧄🧄🧄

材料

- スパゲッティ〈乾麺〉……300g
- にんにく〈刻み〉……6片（約48g）
- ウインナー〈薄切り〉……5本
- 玉ネギ〈薄切り〉……1/2個（約100g）
- ピーマン〈細切り〉……2個（約70g）
- マッシュルーム〈薄切り〉……8個（約80g）
- トマトケチャップ……270g
- 白ワイン……大さじ1
- バター……大さじ3（約36g）
- 鷹の爪……2本
- ナツメグパウダー……4ふり
- 水……適量
- 塩……適量
- コショウ……適量
- 粉チーズ……お好みで

吉田 稔（よしだ・みのる）
真面目で優しいナイスガイ。「鍋振り」なら私にお任せアレ。

調理工程

1. たっぷりのお湯でスパゲッティを表示時間どおり茹でる。
2. フライパンでバターと鷹の爪、刻みにんにくを弱火でじっくり炒め、白ワインを加える。
3. アルコールが飛んだら、ウインナー、玉ネギ、ピーマン、マッシュルームを入れ、野菜がしんなりするまで一気に炒める。
4. 3に茹であがったスパゲッティを入れ、トマトケチャップとナツメグパウダーを加えて炒め、塩とコショウで味を調える。

材料

- 生米……100g（1/3カップ）
- 玉ネギ〈粗みじん切り〉……1/4個（約50g）
- 殻付きエビ……4尾
- 殻付きアサリ……8個（約80g）
- にんにく〈スライス〉……3片（約24g）
- 黄パプリカ……1/4個（約40g）
- レモン〈くし切り〉……1/2個（約70g）
- イタリアンパセリ……適量
- サフラン……1つまみ
- パプリカパウダー……小さじ1と1/2
- トマトペースト……小さじ1（約6g）
- オリーブオイル……大さじ1と1/2
- 水……300㎖
- 塩……小さじ1/2

> さすがソムリエ——妻のアニバーサリーディナーで「ワインに合うメニュー」として考案したというパエリア。手軽だけど、ごちそう感が満点なゴージャスごはんです。オコゲも旨し！

牧野大介（まきの・だいすけ）
ワインの知識はピカイチ。妻とにんにくをこよなく愛する、九州男児のソムリエ。

奥渋谷生まれのきまぐれ
パエリア

Garlic Meter 🧄🧄🧄🧄🧄

調理工程

1 パエリアパン（またはフライパン）にオリーブオイルを入れ、弱火でにんにくを炒める。

2 にんにくは焦げ目がついたら取り出し、玉ネギ、塩を入れて炒める。

3 2に火が通ったところで、中火にしてエビ、アサリを入れ、エビの色が変わったら、強火にして水を入れる。アサリは殻が開いたら取り出す。

4 5分ほど煮たらサフラン、パプリカパウダー、トマトペーストを入れて混ぜ合わせる。

5 エビを取り出し、生米を平らになるよう入れたらフタをして、弱火で8分。

6 フタを開けて、縁の米をならしエビ、アサリを並べ、再びフタをして極弱火で5分。さらに火を消して1分蒸らす。

7 フタを開け、中〜強火で残った水分を飛ばす。箸で底をなぞって引っかかったらOK。

8 細切りにしたパプリカ、1、レモンを並べ、粗めにカットしたイタリアンパセリを全体に散らせばできあがり。

73

> 青森の冬はほんとうに寒いんです。トロトロな牛もつとにんにくをたっぷりと入れた熱々な鍋は、思い出深い〈おふくろの味〉。ちょっと濃いめの味噌味で、白飯が止まりませんよ！

Garlic Meter

味噌仕込みにんにく もつ鍋

材料

牛もつ……200〜300g
ゴボウ……1/2本（約80g）
もやし……1袋（約250g）
キャベツ……1/4個（約300g）
ニラ……1/2束（約50g）

A
水……400ml
顆粒だし……小さじ1
味噌……大さじ3
砂糖……小さじ1
酒……大さじ2
醤油……大さじ1
鶏ガラスープの素……大さじ1
にんにく〈すりおろし〉……1片（約8g）
ショウガ〈すりおろし〉……5g

にんにく〈刻み〉……適量
にんにく〈スライス〉……適量
一味唐辛子……適量

大小森和玖
（おおこもり・かずき）
にんにくの名産地・青森生まれのロックンローラー。にんにくのイヤリングがトレードマークなんです。

調理工程

1 牛もつに塩（分量外）をしっかりまぶしてもみ洗いをし、水で流したら水気を切る。

2 ゴボウはささがきにし、水にさらしたあと水気を切る。

3 キャベツは5cm角、ニラは7cm程度に切る。

4 鍋にAをすべて入れて混ぜ合わせたら、1を加えて中火にかけ、20分ほど煮ながらアクをすくう。

5 4に刻みにんにく、ゴボウ、もやし、キャベツを入れ、その上にニラを横一列に並べたら、スライスにんにくを全体に散らし、強火にかける。

6 キャベツがしんなりしてきたら、一味唐辛子をふる。

Garlic Meter 🧄🧄🧄🧄🧄

男のガーリック生姜焼き

飲食店の厨房は、まさに体力勝負。賄い飯は〈パワーチャージ〉と〈栄養バランス〉が一番大事……そんな時は、みんなが大好きな生姜焼き。疲労回復に欠かせない「豚肉のビタミンB_1」の吸収を助ける「にんにく」もたっぷりな鉄板メニューです!!

外園勇二(ほかぞの・ゆうじ)
料理人歴25年。世界のチーズに造詣が深い、中野店の大黒柱。

材料

豚ロース肉……3〜4枚（約200〜300g）
玉ネギ〈くし切り〉……1/2個（約100g）
塩……小さじ1
薄力粉……小さじ1
サラダ油……大さじ1/2
マヨネーズ……適量
粉山椒……適量

A
玉ネギ〈みじん切り〉……1/2個（約100g）
ショウガ……60g（〈すりおろし〉30g、〈みじん切り〉30g）
にんにく……60g（〈すりおろし〉30g、〈みじん切り〉30g）
醤油……大さじ2
みりん……大さじ2
酒……大さじ2
砂糖……小さじ1と1/2

キャベツ〈千切り〉……適量
ミニトマト……適量

調理工程

1 Aをボウルで
すべて混ぜ合わせ、タレを作る。

2 豚ロース肉を並べ、
両面に塩、薄力粉をまぶす。

3 フライパンにサラダ油を入れ、
2と玉ネギを炒めて、火が通ったら取り出す。

4 同じフライパンに1を入れ、
少し温めてから3を戻して、からめあえる。

5 付け合わせのキャベツ、ミニトマトと
一緒に皿に盛り、マヨネーズ、粉山椒を
添えればできあがり。

牛スジ竜田揚げ キノコあんかけ

> ちょっと扱いが難しいイメージの牛スジですが、スペシャリストの手にかかると、瞬く間に至極に一品に早変わり。表面のカリッと食感とキノコあんかけとの相性も抜群です。

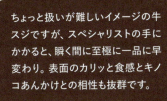

国枝慈英（くにえだ・じえい）
某高級焼肉店で修業を積んだ、食肉使いのスペシャリスト。

Garlic Meter 🧄🧄🧄🧄🧄

材料

牛スジ肉……300g
片栗粉……大さじ2と1/2（約25g）
水溶き片栗粉……適量
白髪ネギ……適量
サラダ油……適量

A
ショウガ〈スライス〉……2枚（約5g）
にんにく〈潰し〉……1片（約8g）
薄口醤油……大さじ2
長ネギ（青い部分）……約40g

B：キノコあんかけ
えのき茸……50g
しめじ……50g
舞茸……50g
エリンギ……50g
玉ネギ〈スライス〉……1/2個（約100g）
中華だし（顆粒）……小さじ2（5g）
濃口醤油……大さじ1と1/3
砂糖……大さじ4弱（約35g）
酒……大さじ1と1/3
みりん……大さじ1と1/3
にんにく〈すりおろし〉……3片（約24g）
ショウガ〈すりおろし〉……20g
水……500ml

調理工程

1. 鍋にたっぷりの水（分量外）と**A**を入れ、牛スジ肉を加えて1時間ほど煮たら、ザルにあげておく。
2. **1**の粗熱が取れたら、牛スジ肉だけを取り出し、冷蔵庫で冷やす。
3. **2**を食べやすい大きさに切り分け、片栗粉をまぶして180℃のサラダ油で表面がカリッとするよう揚げる。
4. キノコ類は食べやすい大きさにして、鍋に**B**をすべて入れたら中火で煮込む。
5. **4**に火が通ったら火を止め、水溶き片栗粉でとろみをつける。
6. 皿に**3**を盛りつけ、**5**をかけて白髪ネギをのせれば、できあがり。

訪問絵日記 🧄 ラズウェル細木

2024年 秋 某日（曇りのち小雨）

にんにく酒場と聞くと、ワクワクするると同時にやっぱり不安もつきまとう。
なんたって酒にもつまみにもにんにくが使われているから。
でも、にんにくの魅力には抗えない。
にんにくレモンサワーをひとくち飲んだら気分はもう極楽。
ゴロンとにんにくの入った焼売なんて初めてだが、これがまた美味。
あとはにんにく三昧が止まらない。
翌日のことなんか気にしてられるかってんだ～！

ラズウェル細木（らずうぇる・ほそき）

1956年、山形県生まれ。酒と肴とジャズをこよなく愛する漫画家。1994年に始まった『酒のほそ道』（日本文芸社）は、連載30年を超える代表作。その他、『パパのココロ』（婦人生活社）、『美味い話にゃ肴あり』（ぶんか社）、『う』（講談社）など著作多数。2012年、第16回手塚治虫文化賞短編賞を受賞。現在、WEBコミック「たそがれ食堂」（幻冬舎コミックス）にて、自宅のキッチン事情と日々の晩酌を綴ったコミックエッセイ『菜道具009』を連載中。

「たそがれ食堂」→

ラズウェル細木さんが訪れたのは……

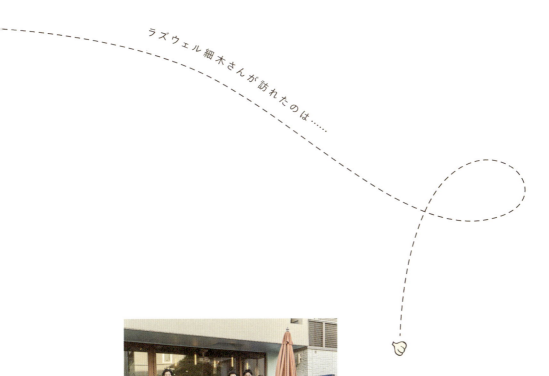

にんにくバル にょんにょご

渋谷区神山町7-8 Kビル渋谷1階
03-6407-0525

〈営業時間〉
月曜日〜日曜日：17:00〜23:00
（※ラストオーダー1時間前）

〈定休日〉不定休

🧄 にんにくを楽しむ

ひとり晩酌

毎日のようにキッチンで「にんにく」と格闘するシェフにも休息は必要不可欠。仕事終わりの店舗の片隅、独りきりの癒やしの空間には――キンキンに冷えたビール、お気に入りのマンガ、そして小腹を満たしてくれる酒肴があるみたい。束の間だけど、明日への英気を養う『背徳のひとり晩酌』を、ちょっとだけ覗き見です。

前菜
スープ
魚料理
肉料理
食事料理
デザート
仕込む
飲む
和食
中華
賄い料理
ひとり晩酌
キャンプ飯

81

にんにく ごま鯛茶漬け

Garlic Meter 🧄🧄🧄

> 仕事終わりは、ノドも渇くが腹も減る……まずは軽く腹ごしらえ。冷蔵庫に忍ばせておいた「鯛の刺身」と残り物の材料を合わせて、サラサラッと一気に胃袋を満足させてやる。お茶漬けにもにんにく!? なんて言うなかれ。いざ!!!

材料（1人分）

鯛〈刺身用〉……5〜6切れ
白飯……茶碗1杯分
にんにく〈1mmスライス〉……5枚
みょうが〈千切り〉……1個
大葉〈千切り〉……2枚
すりごま……2つまみ

A
にんにく〈すりおろし〉……1/2片（約4g）
練りごま……大さじ1（約15g）
醤油……大さじ1
みりん……小さじ1

B
出汁（出汁パック使用）……200ml
みりん……大さじ1
醤油……大さじ1

調理工程

1 Aをよく混ぜ合わせ、鯛の刺身を10分ほど漬け込む。

2 鍋にBを入れて、沸騰させる。

3 大きめの茶碗に白飯を盛り、**1**、みょうが、大葉、すりごま、にんにくをのせて、**2**をかければ完成。

葉にんにくのヌタ

Garlic Meter 🧄🧄🧄🧄🧄

高知県の伝統的な調味料を手作りしてみました。刺身などと合わせるのがオススメですが、ひとり晩酌でチビチビつまむには豆腐もいいですよ!

材料（1人分）

豆腐……1/2丁

A
葉にんにく〈細かく刻む〉……30g
白味噌……大さじ4（約70g）
柚子果汁……大さじ1
米酢……大さじ1
砂糖……大さじ1

調理工程

1. ボウルにAを入れ、スプーンの背などで擦り合わせるように混ぜる。
2. 冷やした豆腐に1をのせて、できあがり。

きゅうりとにんにくの浅漬け

Garlic Meter 🧄🧄🧄🧄🧄

もう少し飲みたいな……というときにあると嬉しいポリポリ食感。ビールだけでなく、日本酒のお供にもピッタリです！

材料（1人分）

きゅうり〈乱切り〉……3本（約300g）
にんにく〈1cmスライス〉……8片（約64g）

A
にんにく〈すりおろし〉……1/2片（約4g）
塩……小さじ2
ゴマ油……大さじ1
砂糖……小さじ1
鷹の爪〈輪切り〉……適量

調理工程

1. 小鍋で沸騰させたお湯（分量外）に、スライスにんにくを入れて2分ほど茹でる。取り出したらキッチンペーパーに並べ、水分を切る。
2. フリーザーバッグに1、きゅうり、Aを入れ、しっかりと揉み込んだら冷蔵庫で30分〜1時間ほど漬ける。

おにぎり

A：にんにく卵黄

卵黄……1個
★にんにく〈3mmスライス〉……1/3片（約3g）
★醤油……小さじ1と1/2
★みりん……小さじ1/2

1 ★を器に入れ混ぜる。

2 1に卵黄を入れ、ひと晩漬ける。
（卵黄全体が液体に覆われてなくてOK）

B：にんにく肉味噌

豚ひき肉……50g
にんにく〈刻み〉……3片（約24g）
ショウガ〈みじん切り〉……1かけ（約15g）
ゴマ油……大さじ1
★味噌……大さじ1と1/2（約25g）
★砂糖……大さじ1
★酒……小さじ2

1 小鍋でゴマ油、にんにく、ショウガを熱して、香りが出たら豚ひき肉を炒める。

2 火が通ったら★を加えて、水分がなくなるまで加熱すれば完成。

材料（1人分）

白飯……200g（おにぎり2つ分）
海苔……2枚

調理工程

1 白飯で三角おにぎりを作り、AとBをそれぞれトッピングしたら海苔で巻いて完成。

Garlic Meter 🧄🧄🧄🧄🧄🧄
にんにく卵黄

Garlic Meter 🧄🧄🧄🧄🧄
にんにく肉味噌

「飲みの〆」というよりも、「深夜の主役メシ」と言ったほうがいいかもしれぬ、あのラーメンを作ってしまいました。にんにくマシマシ、豚バラたっぷり、スープの旨さは背徳感の極み――「ダイエットは明日から」とつぶやきながらいただくのも、また一興です。

G郎ラ〜メン

Garlic Meter 🧄🧄🧄🤍🤍

材料（1人分）

- インスタント袋麺（醤油味）……1袋
- 豚バラ肉〈スライス〉……100g
- にんにく〈刻み〉……6片（約48g）
- にんにく〈3mmスライス〉……2片（約16g）
- もやし……200g
- キャベツ〈ひとくち大にカット〉……1/6個（約200g）
- 醤油……大さじ2
- みりん……大さじ2
- オリーブオイル……適量

調理工程

1 小鍋にオリーブオイルをひき、刻みにんにくとスライスにんにくを炒める。

2 炒めた1の1/3量を別皿に取り出したら、1の小鍋で豚バラ肉を焼き、醤油、みりんを半量だけ入れて炒める。

3 豚バラ肉だけを取り出し、ひとくち大に切ったキャベツ、もやしを醤油、みりんの残り半量を加えて炒める。

4 3を別皿に取り出し、小鍋は洗わず、袋麺に記載された量の水（分量外）を入れて沸騰させ、表示時間どおりで仕上げる。

5 できあがったラーメンに取り出してあった1、2、3を盛りつければ完成。

前菜 / スープ / 魚料理 / 肉料理 / 食事料理 / デザート / 仕込む / 飲む / 和食 / 中華 / 賄い料理 / ひとり晩酌 / キャンプ飯

何故だかヒトを集めてしまう料理の香りってありますよね？ 鰻の蒲焼き、カレーに焼肉……そして「にんにく」。ガーリックマスター・中山は、休日のキャンプ飯だって「にんにく」全開。青い空に白い雲、大自然のど真ん中でいただく料理は格別です。本日も、にんにくを愛する仲間たちと【にんにく三昧の酒宴】が始まりますよ!!!

協力/露天風呂とキャンプ　NANSO CAMP（千葉県いすみ市）

お店の常連さんで「にんにく仲間のキャンパー」が「ザ・ガーリック」と一緒に開発した、背徳の調味料【G飯の素】を使った極みの逸品。今回はぜいたくにステーキバージョンにしてみました。その香り、ボリューム、圧倒的食感は、ガーリックマスター・中山の保証付き!!!

赤身ステーキ
G飯チャーハン

Garlic Meter 🧄🧄🧄🤍🤍

材料

A
- 赤身の牛肉（モモ肉など）……250g
- にんにく〈刻み〉……2片（約16g）
- 赤ワインソース（p53参照）……大さじ4
- 塩……少々
- コショウ……少々
- オリーブオイル……適量

- G飯の素……大さじ4（約60g）
- 白飯……2合（約600g）
- サラダ油……大さじ2
- ガーリックチップ（p19参照）……適量
- ワケギ……適量

> 詳細情報は **p90へGO!!!**

調理工程

1. Aは、〔p33 ガーリックBeefステーキ〕を参照して焼く。
2. フライパンにサラダ油をひき、強火で白飯を温めるように炒める。
3. 2の白飯を寄せてスペースを作り、G飯の素を焼きつけるようにして香りを出したら、白飯と混ぜ合わせる。
4. 皿に3を盛り、1、ガーリックチップ、ワケギを散らせば完成。

肉+にんにく+肉 =BBQ

Garlic Meter 🧄🧄🧄🤍🤍

キャンプといえば串焼きバーベキューが欠かせません。少し焼きあがりまで時間がかかりますが、にんにくを美味しく食べるための〈我慢〉と思って、是非とも挑戦してみてください。

材料

豚肩ロース〈3cm角カット〉……300g
にんにく……8片（約64g）
ズッキーニ……1/4本（約50g）
パプリカ……1/3個（約50g）
エリンギ……1本（約40g）
甘長とうがらし……2本

A：漬け込みソース
コチュジャン……大さじ2/3（約10g）
赤ワインソース（p53参照）……100mℓ
にんにく〈すりおろし〉……1片（約8g）

調理工程

1 鍋にAの材料を入れ、混ぜ合わせながら中火にかける。沸騰したら火を止め、粗熱を取る。

2 粗熱が取れたらフリーザーバッグに豚肩ロース肉、**1**を入れ、3時間〜1晩漬ける。（前日までに仕込みとして、冷蔵庫保存することをオススメします）

3 にんにくはクッキングシートで包み、その上からアルミホイルでキャンディ状にくるんだら、焚火に入れる。もしくはBBQ焼き台にのせて、様子を見ながら30分程度焼く。

4 30cm程度の焼き串に食べやすい大きさにカットした野菜類、漬け込んだ豚肩ロース肉、ローストしたにんにくを交互に刺す。

5 BBQ焼き台などで、じっくりと火が通るまで焼きあげれば完成。

黒アヒージョ

> [千葉県の新ご当地グルメ] に名乗りをあげた注目の一品。定番メニューに《醤油》が抜群のコンビネーションを発揮してます。

Garlic Meter 🧄🧄🧄🧄🧄

材料

- にんにく〈刻み〉……4片（約32g）
- にんにく〈潰し〉……5片（約40g）
- アンチョビフィレ……2本（約10g）
- 鷹の爪〈輪切り〉……6切
- オリーブオイル……100㎖
- 醤油……小さじ1/2
- 赤ワインソース（p53参照）……大さじ1
- 水……大さじ3（約45㎖）
- 白ワイン……大さじ1
- ★マッシュルーム……6個（約60g）
- ★プチトマト……6個（約60g）
- ★スパム〈ひとくちサイズにカット〉……1/2缶（約170g）
- ★はんぺん〈4等分カット〉……2枚（約140g）
- 塩……少々
- コショウ……少々
- イタリアンパセリ……適量

調理工程

1. 鍋にオリーブオイル（分量外）をひき、刻みニンニク、潰しにんにく、鷹の爪、アンチョビを入れて炒める。
2. 白ワインを入れてアルコールを飛ばし、醤油、赤ワインソース、水、塩、コショウを入れる。
3. 2にオリーブオイル、★の具材を入れて煮込み、最後にイタリアンパセリを散らして完成。

背徳感と邪悪な香りが漂う【G飯の素】

「最強のガーリックライスが食べたい！」と、ひとりの男が試行錯誤の末に作り出した究極の調味料。キャンプの必需品としてはもちろん、冷蔵庫の常備スパイスに欠かせぬ逸品!!!

開発秘話＆ご購入はコチラから
https://outdoor-opera.com/

がーりっく♡サーモンホイル焼き

> 豪快なホイル焼きも仲間たちとの宴を盛りあげる必須料理です。味噌とにんにくの香りが大自然と溶け合って、最高の時間が過ごせますよ！

Garlic Meter 🧄🧄🧄🧄🧄

材料

- サーモン切り身……4切れ（約400g）
- キャベツ……1/6個（約200g）
- 玉ネギ〈スライス〉……1/2個（約100g）
- エリンギ〈スライス〉……約50g
- マイタケ……約50g
- レモン〈スライス〉……1個（約100g）
- にんにく〈スライス〉……6片（約48g）
- にんにく〈刻み〉……2片（約16g）
- 味噌〈液体タイプ〉……大さじ3（約45g）
- ガーリックバター（p50参照）……大さじ2（約30g）
- オリーブオイル……大さじ2
- ハーブ（タイム）……3本（約3g）
- 醤油……適量
- ワケギ……適量

調理工程

1. アルミホイルに、食べやすい大きさにしたキャベツ、玉ネギを敷き、サーモンを並べる。
2. サーモンの周囲にエリンギ、ほぐしたマイタケを並べて、全体に味噌、醤油、ガーリックバターを塗る。
3. レモン、スライスにんにくを全体にのせて、ハーブ、刻みにんにく、ワケギを散らし、オリーブオイルを回しかける。
4. もう1枚のアルミホイルをフタのようにかぶせて周囲を閉じ、BBQ焼き台で30〜40分くらいを目安に火を入れたら、完成。

［にんにくの保存調味料］
すりおろしにんにく

にんにく〈すりおろし〉……適量
オリーブオイル……適量

1 すりおろしたにんにくに馴染ませる程度の量のオリーブオイルを混ぜ合わせる。

2 保存容器に入れ、冷蔵庫で保存。
（ペースト状なので、どんな料理にも使いやすい万能調味料です）

［にんにくの保存調味料］
にんにくオイル

にんにく〈刻み〉……適量
オリーブオイル……適量

1 保存容器に刻んだにんにく、オリーブオイルを入れて、冷蔵庫で保存。
（漬け込み3日目以降がオススメ）

［にんにくの保存調味料］
にんにくの醤油漬け

にんにく……適量
醤油……適量

1 保存容器ににんにくを入れ、全部が隠れる程度の醤油で漬け込み、冷蔵庫で保存。
（1週間目くらいから食べられるが、3ヵ月程度がベスト。醤油も各種料理に重宝します）

［にんにくの保存調味料］
にんにくの蜂蜜漬け

にんにく……適量
蜂蜜……適量

1 保存容器ににんにくを入れ、全部が隠れる程度の蜂蜜で漬け込み、冷蔵庫で保存。
（料理の隠し味にも、お湯で割ったホットドリンクとしても旨し）

にんにくを買う、保存する、消し去る

買う

本書では国産にんにくの
「福地ホワイト六片」を推奨していますが、
おいしい《にんにく》選びのポイントは──

🧄 Point 1
全体がふっくらとしていて、丸みを帯びているもの（水分を帯びていて、新鮮な証拠）

🧄 Point 2
手触りが硬く、鱗片と茎に隙間がないもの（逆に柔らかかったり、茎と一片一片に隙間があるものは出荷から時間が経っている可能性が高いのでご注意あれ！）

🧄 Point 3
芽が出ているものは避け、ずっしりとした重さがあるもの（にんにくは古くなると乾燥して軽くなるんです）

🧄 Point 4
外皮にハリがあり、白色がきれいなもの

スーパーで入手しやすいにんにくは
大きく分けて産地によるもの。
「国産」「スペイン産」「中国産」で、
特徴は以下の通り……

🧄 国産
糖度が高く、辛味と甘味のバランスが良い。水分が多く、瑞々しい。食後の匂いが残りにくい品種が多い。

🧄 スペイン産
粒が大きく、しっとりとした食感が特徴。香りたちが良い。

🧄 中国産
粒が小さく、辛味は強いが、料理によってはえぐみが残りやすい。安価だが品質にばらつきがある。

保存する

《にんにく》は
比較的保存がしやすい食材です。
お好みの調理法に合わせて、
お試しください！

🧄 常温保存
皮を剥いていない、丸々の状態であれば常温保存で大丈夫。湿気や直射日光を避けて、購入時に入っていたネットなど、通気性の良いものに入れて吊るすのが良いです。

🧄 冷蔵保存
鱗片を分けて、皮付きのままチルド室での保存がベスト。水気は傷みやすくなるため禁物。新聞紙やキッチンペーパーで包み、フリーザーバッグなどの密封できる袋に入れて保存するのが、長期保存にもオススメです。

🧄 冷凍での保存
皮を剥いて、スライスやみじん切りにしたら小分けにし、フリーザーバッグなどに入れ、冷凍。

消し去る

美味しいからこそ毎日でも食べたいけど、
ニオイが気になる……
これは《にんにく》に含まれる［アリイン］という成分が
料理過程で［アリナーゼ］という酵素と結合することで
［アリシン］という成分に変化することが原因。
そこで、今回は「にんにくバル ザ・ガーリック」の
消臭法を伝授いたします！

🧄 食前
牛乳を飲むorヨーグルトを食べる（たんぱく質が［アリシン］を包み込んでニオイを抑制してくれます）

🧄 食中
飲み物は、緑茶or赤ワインがオススメ（緑茶のカテキンとフラボノイド、ワインのポリフェノールがニオイ撃退に大活躍です）

🧄 食後
リンゴ丸かじりorリンゴ100％ジュースor青汁（お店では食後に《リンゴジュース×青汁》を提供しています）

《にんにく》のニオイは個人差もありますが、口臭として約16時間くらい影響があるようです。上記の消臭ケアとあわせて、汗をかくことでも排出効果がありますのでサウナや入浴もオススメです。また、［アリシン］は熱に弱いので、〈焼く〉〈炒める〉〈煮る〉などの加熱処理をするとニオイを抑えられますよ。

おわりに

お店を始めて6年……

この本のレシピをまとめる作業は、私たちにとって大切な振り返りの時間となりました。

日々の営みの中で、当たり前のように作っていた一皿一皿にあらためて向き合うことで、「にんにく」の奥深さと、自分たちの料理の原点を再発見、再認識する機会となりました。

ここまで歩んでこられたのは、温かく支えてくださるお客様と、共に汗を流してくれるスタッフたちのおかげです。賑わう店内からあふれる笑い声と笑顔、「美味しかった」というお言葉、そして従業員たちの真摯な姿勢に、私たち夫婦は何度励まされてきたことでしょう。

この本が、支えてくださった皆様への感謝と、にんにく料理への情熱、素晴らしい可能性を伝える一冊となれば、これ以上の喜びはありません。そして束の間でも皆様の食卓に幸福な時間をお届けできれば幸いです。

🧄 中山治伸・育子

STAFF

撮影
市瀬真以

スタイリング
木村遥

イラストレーション
佐藤修弘、もりとおる

ブックデザイン
Phantom Graphics inc.

撮影協力
にんにくバル ザ・ガーリック中野（中居賢司、外園勇二、吉田稔、国枝慈英）
にんにくバル にょんにょご（清水大介、牧野大介、大小森和玖）
松倉広平＆ガーリックOPERAの皆様
NANSO CAMP

編集
髙松千比己（幻冬舎コミックス）

にんにく料理のトリセツ

2024年12月31日　第1刷発行

著　者　にんにくバル ザ・ガーリック
　　　　（中山治伸、中山育子）

発行人　石原正康

発行元　株式会社 幻冬舎コミックス
　　　　〒151-0051 東京都渋谷区千駄ヶ谷4-9-7
　　　　電話　03(5411)6431（編集）

発売元　株式会社 幻冬舎
　　　　〒151-0051 東京都渋谷区千駄ヶ谷4-9-7
　　　　電話　03(5411)6222（営業）
　　　　振替　00120-8-767643

印刷・製本所　株式会社 暁印刷

検印廃止

万一、落丁乱丁のある場合は送料当社負担でお取替致します。幻冬舎宛にお送り下さい。

本書の一部あるいは全部を無断で複写複製（デジタルデータ化も含みます）、放送、データ配信等をすることは、法律で認められた場合を除き、著作権の侵害となります。定価はカバーに表示してあります。

©NINNIKU BAR THE GARLIC,GENTOSHA COMICS 2024
ISBN978-4-344-85513-7　C0077　Printed in Japan
幻冬舎コミックスホームページ　https://www.gentosha-comics.net